27

n. 10148.

NÉCROLOGIE.

OBSÈQUES DE M. NICOLAS JACQUIER,

DOCTEUR EN MÉDECINE

A Ervy.

TROYES

TYPOGRAPHIE BOUQUOT, RUE NOTRE-DAME.

—

1859.

OBSÈQUES

M. LE DOCTEUR JACQUIER.

Jeudi dernier, 13 courant, est mort à Ervy M. le docteur Jacquier, un des médecins les plus estimés du département de l'Aube.

M. Jacquier, encore dans la force de l'âge et dans la plénitude de ses facultés intellectuelles, laisse de vifs regrets au sein de la ville qu'il habitait, parmi ses nombreux amis et parmi ses collègues habitués à le considérer comme un doyen éclairé et comme un de leurs meilleurs conseils. C'est en abusant de ses forces pendant les chaleurs excessives que nous venons de traverser, et en vaquant jour et nuit aux devoirs sacrés de sa profession, qu'il a contracté la maladie fatale qui vient de l'enlever.

Nous laissons à un de ses collègues et amis le soin de faire sa biographie; contentons-nous aujourd'hui d'indiquer en quelques lignes les phases diverses de la vie du docteur Jacquier.

M. Jacquier est né à Troyes en 1790; il fut retiré du collége de cette ville par le professeur Charbonnet qui le prit sous sa protection, et le fit entrer au Lycée impérial de Paris. Là, le jeune élève confirma les espérances qu'on avait conçues de lui, et eut du succès dans ses études; au grand concours, il obtint même plusieurs nominations, — entre autres un 2e prix, — en concurrence avec MM. Villemain, Mocquart, et autres élèves d'un grand mérite. Après s'être fait recevoir docteur à Paris, en 1813, il fut attaché comme médecin aux armées de l'Empire, et fit les campagnes de 1813 et de 1814. De retour de l'armée, il vint se fixer à Troyes, et fut nommé médecin aux hôpitaux de cette ville, où il rendit de grands services pendant la seconde invasion. Il quitta bientôt sa ville natale pour cause de santé, et, à la sollicitation de quelques familles connaissant la bonne acquisition qu'elles faisaient en attirant le jeune docteur à Ervy, il se décida à aller habiter cette petite ville. C'est là que la mort devait le surprendre au milieu même de son activité.

La Société Académique de l'Aube l'avait nommé membre associé dès 1822; de plus, il était membre du Jury Médical de l'Aube depuis nombre d'années. Nous pouvons dire ici que ses Rapports médico-légaux étaient très-remarqués des tribunaux et des administrations qui aimaient à le consulter. Il était encore membre d'un grand nombre de sociétés scientifiques et médicales.

Voici l'indication des travaux imprimés que nous connaissons du docteur Nicolas Jacquier :

1°. *Dissertation sur le Goître*, thèse présentée à la Faculté de Médecine de Paris en 1813.

2°. *Essai et observations sur la manière de réduire les luxations spontanées ou symptomatiques de l'articulation ilio-fémorale...*, par Humbert et Jacquier. Paris, 1835, avec un atlas de 30 planches. — Cet ouvrage estimé a obtenu un prix Monthyon de 1,500 fr. en 1834.

3°. *Traité des difformités du système osseux, ou de l'emploi des moyens mécaniques et gymnastiques dans le traitement de ces affections*, par Humbert et Jacquier. Paris, 1838, 4 volumes avec un atlas de 174 planches.

4°. *Du suicide par strangulation sans suspension.* Troyes, 1851.

Plusieurs articles de M. Jacquier ont été publiés dans le *Bulletin de Thérapeutique.*

ÉMILE SOCARD.

Un service funèbre a été célébré à Ervy avant que le corps de M. Jacquier fût transporté à Troyes. Au moment où l'assistance allait quitter les restes mortels de celui qu'elle regrettait si vivement, M. Jacotot, docteur en médecine à Ervy, a prononcé les paroles suivantes :

MESSIEURS,

Arrêtons-nous un instant devant ces restes inanimés ; essayons, dans le trouble de notre âme, de payer un juste tribut de regrets à l'homme excellent que nous venons de perdre. Quelle mort cruelle et prompte ! quel vide immense il va laisser parmi nous !

Jacquier (Nicolas) est né à Troyes en 1790 ; sa famille était originaire de Bar-le-Duc. Dès l'âge le plus tendre il fut envoyé comme élève distingué à Paris, au Lycée impérial, aujourd'hui Louis-le-Grand, où il fit de brillantes études. Il embrassa avec ardeur la carrière médicale, et, à peine âgé de vingt-deux ans, il reçut l'ordre de partir pour l'Allemagne en qualité de chirurgien. Il fit comme aide-major les campagnes de Saxe et de France, et assista aux batailles de Lutzen, de Bautzen, de Dresde, de Leipsick et de Montereau. Atteint du typhus qui décimait l'armée, il se traînait encore pour prodiguer ses soins aux malades et aux blessés.

Après avoir servi avec distinction sous les Larrey, les Percy, les Desgenettes, c'est-à-dire sous les gloires de la chirurgie militaire, il se fit recevoir docteur en 1813. A la chute de l'Empire, il revint à Troyes, fut nommé chirurgien de l'Hôtel-Dieu ; puis, en 1819, se fixa définitivement à Ervy.

Depuis cette époque, vous avez pu voir avec quelle activité infatigable il se portait partout où il y avait des souffrances à soulager ou à guérir. Cette activité ne s'est jamais démentie un seul instant.

Il composa, en collaboration avec le docteur Humbert, un ouvrage intitulé : *Essais et observations sur la manière de réduire les luxations spontanées et symptomatiques ;* cet ouvrage est cité avec éloge dans plusieurs traités de chirurgie. Il publia encore d'autres mémoires où l'on reconnaît la justesse et la raison de l'auteur.

Un de ses titres à notre reconnaissance est que, pendant près de quarante années, il a été médecin gratuit de l'hôpital. Dans toutes les épidémies, il s'est toujours montré un des plus zélés, des plus actifs, et a toujours largement payé de sa personne.

Il fut nommé membre du Jury médical de l'Aube, et dernièrement encore il présidait la réunion des médecins du département.

Il y a quelques jours à peine, une épidémie de dyssenterie sévissait avec violence dans une commune du canton. Le docteur Jacquier, n'écoutant que son courage, ne cessa pas un jour de s'y transporter. Quoique frappé lui-même, il marchait encore où le devoir l'appelait. Mais bientôt forcé de s'arrêter, il se mit au lit pour ne plus se relever. Il est mort victime de son dévouement; mort certainement aussi glorieuse que celle du soldat sur le champ de bataille.

Tel est, Messieurs, l'héritage sacré que nous laissent les gens de bien, tel est celui que nous recevons de l'homme que nous pleurons et qui possédait les talents, les qualités et les vertus de notre profession : le savoir, le courage, le désintéressement, l'humanité, la loyauté.

Repose en paix, cher collègue, après une vie si belle et si bien remplie, tous ceux qui t'ont connu ne t'oublieront jamais.

Adieu ! adieu !...

———————

Dimanche dernier ont eu lieu, en l'église de Saint-Martin-ès-Vignes, les obsèques de M. le docteur Jacquier, décédé à Ervy, mais qui avait désiré que son corps fût inhumé au sein de sa famille. Une assistance nombreuse, composée des notabilités de la ville et du département, était accourue autour de la dépouille mortelle de l'homme de science et de dévouement auquel chacun était jaloux de rendre les suprêmes devoirs. On remarquait entre autres M. le Préfet de l'Aube, M. le Maire de Troyes, MM. les secrétaires de Mgr l'Evêque, la plupart des membres de la Société Académique, tout le corps des médecins de la ville, et une grande partie de ceux des arrondissements. Les cordons du poêle étaient portés par M. le docteur Pigeotte, doyen des médecins et président d'honneur de l'Association Médicale de l'Aube, par M. le docteur Carteron-Cortier, intime ami du défunt, par M. le docteur Desguerrois, président du Comité d'Hygiène, et par M. le docteur Saussier, vice-président de l'Association Médicale de l'Aube.

La cérémonie religieuse accomplie, l'amitié et la science ont fait entendre l'expression de leurs regrets par les discours suivants :

Discours de M. le docteur CARTERON-CORTIER.

CHERS CONFRÈRES ET MESSIEURS,

Nous sommes réunis pour rendre les derniers devoirs à un de nos confrères, aimé, estimé et vénéré de tous. Tous, nous reconnaissions en lui le type du médecin distingué, tant sous le rapport de la science que sous le rapport moral : nous reconnaissions en lui le *vir probus medendi peritus.*

Nicolas Jacquier, né à Troyes, en 1790, y commença ses études à l'Ecole centrale, sous la direction de M. Charbonnet, ancien recteur de l'Université, relégué à Troyes par la tourmente révolutionnaire. C'est de cette époque que date notre amitié, il y a plus de 45 ans, et depuis nous ne nous sommes jamais quittés. Mais bientôt M. Charbonnet fut rappelé à Paris, lors de la création des lycées.

Il emmena avec lui Jacquier, dont il avait apprécié l'aptitude et l'intelligence ; il le plaça au lycée impérial, où il fut condisciple des Villemain, des Cousin, des Mocquart et de beaucoup d'autres ; et, malgré ces redoutables concurrents, il obtint des couronnes.

Ses humanités terminées, Jacquier étudia la médecine dans l'intention d'entrer dans la médecine militaire. Aussitôt sa réception au doctorat, le 27 mars 1813, grade qu'il obtint par une thèse sur le *Goître*, soutenue sous la présidence de M. le baron Percy, il fut nommé chirurgien-aide-major dans les ambulances de l'armée, et, en cette qualité, il fit les campagnes de 1813 et de 1814.

La chute de l'Empire, en 1814, ramena Jacquier à Troyes dans sa famille, où il se livra à la pratique civile. Sa nomination comme médecin-juré près le tribunal de Troyes, titre qui lui a été conservé pour le canton d'Ervy ; sa nomination à la place de chirurgien de l'hôpital, les succès qu'il y obtint, et son zèle pendant la seconde occupation étrangère en 1815, les cours d'accouchement qu'il a faits aux élèves sages-femmes comme médecin de l'hôpital, la considération dont il jouissait, et l'estime qu'il avait déjà conquise, lui assuraient un avenir qui pouvait satisfaire son ambition ; mais il avait besoin de mouvement, de respirer le grand air, il devint mélancolique et sentit qu'une vie sédentaire, que la ville ne lui convenait pas, qu'il lui fallait la campagne. Il prit bientôt son parti, et, quoique nouvellement marié à Troyes, il alla à Ervy : sa santé s'y rétablit bien vite ; il eut la confiance de toute la population, qui, aujourd'hui, le pleure et le regrette.

En pouvait-il être autrement ? Bon, dévoué, affectueux auprès des malades, il n'épargnait pas ses peines, il était infatigable ; et, naguère encore, quoique déjà souffrant, il n'écoute que son zèle, et donne ses soins aux malades qui le demandent, jusqu'au moment où, accablé lui-même par la maladie, il s'arrête et succombe peu de jours après, victime du devoir qu'il s'imposait par suite de la haute idée qu'il avait de sa profession et des obligations qu'elle entraîne.

La clientèle de Jacquier ne suffisait pas à son activité. D'abord, il avait été le collaborateur de Humbert, de Morlaix, dont il a rédigé les idées sur l'Orthopédie et les Luxations spontanées du fémur ; il a décrit ses appareils et ses procédés. Il avait été désigné à Humbert, par Champion, de Bar-le-Duc, chirurgien hors-ligne, ami de Jacquier, et dont l'amitié et l'estime prouvent qu'il avait rencontré en notre ami une grande valeur. Les ouvrages de Humbert et de Jacquier les firent, l'un et l'autre, nommer correspondants d'un grand nombre de sociétés médicales françaises et étrangères. Jacquier était aussi associé de la Société d'Agriculture, des Sciences, Arts et Belles-Lettres de l'Aube, et, à bien des titres, sa place y était marquée, car il s'était reposé de ses travaux médicaux en propageant, par son exemple et ses conseils, les plantations d'arbres verts dans le canton d'Ervy, qui lui doit cette impulsion. Il en était fier ; qui de nous ne l'a pas entendu parler avec amour de ses semis et de ses plantations? Il fut président de notre Association Médicale, et, depuis quelques années, il était membre du Jury Médical pour la réception des officiers de santé, des sages-femmes et des pharmaciens. Mais ces travaux ne pouvaient encore le satisfaire : il se mettait au courant de la science en lisant et analysant les bons ouvrages de médecine, il se tenait à la hauteur des progrès de la science médicale, il en lisait les journaux et leur a envoyé quelques mémoires et quelques observations; c'est surtout au *Bulletin de Thérapeutique* qu'il adressait ses travaux ; il a fait imprimer, séparément, un mémoire sur une question controversée de médecine légale : *Du suicide par strangulation sans suspension.* On trouvera dans ses papiers plusieurs mémoires manuscrits, et, entre autres, une dissertation sur la fièvre miliaire épidémique à Ervy : il l'avait observée, et m'a, dans le temps, communiqué son mémoire. Continuer ses études médicales était pour lui et selon lui un devoir de profession.

Voici, Messieurs, une vie bien honorablement remplie et surtout bien utile, et je termine en vous transmettant les paroles que la reconnaissance publique prononçait par la voix d'un homme du peuple, qui disait : On oubliera peut-être ailleurs M. Jacquier, mais les habitants d'Ervy, jamais. Ne l'oublions pas non plus, Messieurs, inspirons-nous de sa vie. *Transiit benefaciendo !*

Adieu ! mon vieil ami, repose en paix, tes bienfaits t'accompagneront au ciel, et Dieu t'en tiendra compte.

Discours de M. le docteur PAUL CARTERON, *président de la Société Médicale de Troyes.*

MESSIEURS.

Cet immense concours de personnes appartenant à toutes les classes de la société, et pieusement réunies autour de cette tombe, témoigne d'une manière éloquente combien est douloureuse pour nous aussi la perte que les habitants d'Ervy ont faite dans la personne de M. le docteur Jacquier.

A la nouvelle de sa mort, la population entière d'Ervy et des communes environnantes s'est profondément émue. Chacun, obéissant à un mouvement spontané de reconnaissance, s'est empressé de rendre publiquement un dernier hommage à la mémoire du médecin, dont presque toutes les familles du canton d'Ervy avaient pu, dans un intervalle de quarante années, apprécier le talent et le dévoûment.

Ceux de mes confrères, qui ont vécu dans l'intimité de M. le docteur Jacquier, vous diront un jour avec détail et beaucoup mieux que moi toutes les qualités de son esprit et de son cœur. La vie de cet honorable collègue a été si largement remplie que je craindrais d'en omettre quelque circonstance : la moindre particularité devant être soigneusement recueillie dans l'existence d'un homme que la ville de Troyes s'enorgueillit à juste titre de compter au nombre de ses enfants et qui est devenu la gloire et l'honneur du canton d'Ervy.

Il me suffira de vous dire, au nom de la société médicale de Troyes, qu'elle a perdu en lui un de ses membres les plus distingués ; celui auquel plusieurs sociétés savantes ont conféré le titre de membre correspondant ; celui que l'autorité avait investi des fonctions difficiles et ingrates de médecin juré, de médecin des épidémies, du Jury Médical et du Comité d'hygiène; celui enfin auquel les médecins du département ont voulu donner un gage de leur estime et de leur affection, en l'appelant, le premier de tous, à la présidence de leur association générale.

Vous rappellerai-je que M. le docteur Jacquier fut jusqu'à la fin esclave d'une profession qu'il a toujours exercée avec la plus grande honorabilité. Aussi le voyait-on, dans les dernières années d'une carrière des plus laborieuses, prodiguer, encore plein de zèle et d'ardeur, ses soins aux malades, sans distinction du rang et de la fortune. S'il lui restait quelques instants de loisir, il les consacrait à la rédaction de mémoires dont la lecture révèle chez lui, non seulement des connaissances approfondies en clinique, en thérapeutique, en hygiène et en médecine légale ; mais encore le caractère de l'homme de bien désirant avant tout faire profiter ses collègues et les malades des observations puisées dans sa longue pratique.

Et pourtant, après quarante années de labeurs ; après tant de services rendus d'une part à l'autorité dans l'exercice de fonctions presque entièrement gratuites ; d'autre part, à l'humanité en temps ordinaire et au milieu des épidémies les plus désastreuses, M. le docteur Jacquier est mort sans avoir reçu cette récompense que l'on voit briller sur la poitrine de tant d'autres, dont les actions n'ont pas été plus méritantes ni mieux connues.

Mais peut-être ai-je blessé la modestie de notre confrère ?..... N'emporte-t-il pas dans la tombe l'estime, l'affection et les regrets des populations entières au milieu desquelles il a vécu. Hier de nombreux vieillards ont été vus courbés sous le poids de leurs infirmités, et s'agenouillant dans l'église d'Ervy pour dire le dernier adieu au médecin, à l'ami qui plus d'une fois avait soulagé leurs souffrances. Des mères de famille, pour perpétuer leur reconnaissance, ont déjà appris à leurs enfants à bénir le nom du médecin et de l'ami qui, en les rendant à la vie, les avait rendus à leur cœur de mère.

Consolons-nous. M. le docteur Jacquier est mort de la mort des braves. Une épidémie de dyssenterie s'abat sur le village de Montfey. Montfey devient alors le champ de bataille de notre confrère. Il y vole avec l'impétuosité de la jeunesse ; et bientôt, tant est grande son expérience des hommes et des choses, il y organise le service médical de manière à enrayer la marche du fléau. Puis, quand ses dispositions sont prises, quand sa main s'est déjà étendue pour saisir la victoire, il tombe, non point anéanti sous le coup, mais épuisé par la maladie qui le consume lentement, et nous montre encore en lui deux autres vertus : le courage dans les douleurs physiques, et l'espérance aux approches de la mort.

Consolons-nous. M. le docteur Jacquier est parti pour le ciel les mains pleines de bonnes œuvres, et le Dieu de toute justice le fera s'asseoir à la place réservée par lui à ceux qui, comme notre excellent confrère, ont fait fructifier au centuple le talent dont il leur avait confié le dépôt et la gestion sur cette terre de travail et d'exil.

Discours de M. HENRI OUDART, au nom du Jury Médical.

MESSIEURS,

Après l'éloge si vrai et si mérité que vous venez d'entendre, je devrais me taire. Mais c'est que moi aussi j'ai éprouvé un grand chagrin en apprenant la mort inattendue de notre bien-aimé docteur et ami, c'est que je me suis bien promis, au nom de ses collègues du jury médical, de lui dire un dernier adieu.

Il y a quinze jours à peine, il m'écrivait : Je ne puis être des vôtres, j'ai trop de malades qui me réclament; et cependant il s'agissait pour lui d'un devoir à remplir, mais c'est qu'entre deux devoirs sérieux, le premier pour lui était toujours le soin de ses malades : jugez alors s'il y sacrifiait ses plaisirs et ses affections.

Huit jours plus tard, il m'écrivait encore : Je ne puis me joindre à vous; en soignant les autres au centre de la contagion, j'ai gagné la maladie régnante, et je sens qu'il me faudra longtemps pcur me rétablir.

Pressentait-il déjà sa fin prochaine? j'aime à croire que non.

Ce peu de mots, ce dévoûment à ses malades, résument la vie entière du bon et savant docteur que nous perdons.

On peut donc dire qu'il est mort comme il a vécu, victime du devoir, et au champ d'honneur médical.

Aussi sa mémoire sera chère à tous ceux qui l'ont connu, et sa conduite un bel exemple.

Jacquier n'est plus ! diront avec d'amers regrets ses vieux

compagnons d'armes, auxquels il a laissé de beaux et glorieux souvenirs.

Jacquier n'est plus! diront dans la tristesse les habitants de la campagne voisine de sa demeure, et dont il a été longtemps le conseil et le médecin toujours dévoué.

Jacquier n'est plus! diront surtout avec douleur les pauvres de la ville et des environs, dont il était le médecin bénévole, et souvent la providence.

Jacquier n'est plus! ont déjà dit ses concitoyens, presque tous ses amis, car pendant quarante ans de suite ils ont pu le connaître et l'apprécier; ils ont largement profité de son dévoûment, de son bon cœur, de sa droiture et de l'excellence de ses avis.

Jacquier n'est plus! disent déjà ses confrères ici réunis et attristés, car ils ont mieux que les autres encore connu son savoir, sa probité médicale, son zèle, son équité, et sa manière noble et convenable d'exercer sa profession.

Jacquier n'est plus! dirai-je à mon tour, c'est dans ses fonctions délicates de membre du jury médical que j'ai appris à l'aimer, à l'estimer, que j'ai su combien son âme était grande et belle.

Adieu donc! bien-aimé collègue, et chaque année l'époque du jury me rappellera tes bontés pour moi ; mais il ne me sera plus donné de te serrer cordialement la main.

Adieu ! avec les regrets bien naturels des tiens que tu as tant aimés, tu emporteras l'estime et l'affection de tous ceux qui t'ont connu.

Adieu! repose en paix parmi nous ; tu l'as bien mérité, ta tâche a été bien remplie. Adieu !...... adieu !......

La pluie ayant empêché une plus longue station sur la tombe de M. Jacquier, le discours envoyé par M. le docteur Bertrand, de Nogent-sur-Aube, à M. le docteur Saussier, n'a pu être prononcé. C'est une raison de plus pour nous de le faire connaître à nos lecteurs.

Discours de M. le docteur BERTRAND, président de l'Association Médicale de l'Aube.

MESSIEURS ET CHERS CONFRÈRES,

Accourus de tous les points du département pour adresser un dernier et solennel adieu au confrère vénéré que nous perdons, vous donnez une preuve éclatante de l'estime que vous lui portiez à si juste titre, et des regrets mérités que sa mort inopinée vous inspire. Vous vous êtes rappelé que M. le docteur Jacquier, par sa conduite et son savoir, a fait honorer notre profession durant une longue et laborieuse carrière. Vous vous êtes souvenu que naguère il présidait à la fondation de l'Association Médicale de l'Aube, et s'il ne lui a pas été donné de jouir des fruits de l'œuvre à laquelle il a participé avec tant de cœur et de dévoûment, vous n'avez pas oublié la conviction inspirée avec laquelle il vous en prédisait les succès certains et progressifs.

Dans ces tristes lieux, et au milieu de nos pensées funèbres, il se trouve cependant une compensation bienfaisante. En effet, Messieurs, tout ne s'éteint pas sur cette terre avec l'homme de bien qui en disparaît. Ses exemples restent comme une semence féconde que les survivants font éclore, et dont ils peuvent recueillir les fruits. Ces exemples d'honneur professionnel, de dévoûment aux êtres souffrants, d'abnégation personnelle, tu les as prodigués pendant plus de quarante années de ta vie, vénéré confrère! Puisses-tu voir, par de-là la tombe, qu'ils nous ont profité, qu'ils nous ont rendus meilleurs à la société et plus dévoués les uns aux autres! Ton vœu le plus cher serait accompli, et cette consolante idée pourrait rendre nos regrets moins amers.

Extrait du Journal L'Aube. — Octobre 1859.

TROYES, TYP. BOUQUOT.